AF562915

MÉMORIAL POLITIQUE DE LA SARTHE

'INTÉRÊT MAJEUR

DU

PARTI RÉPUBLICAIN

BIBLIOTHÈQUE NATIONALE R.F. IMPRIMÉS

PARIS
IMPRIMERIE ET LIBRAIRIE RICHARD ET Cie
18-19, Passage de l'Opéra, 18-19
—
1878

Lb57 6550

MÉMORIAL POLITIQUE DE LA SARTHE

L'INTÉRÊT MAJEUR

DU

PARTI RÉPUBLICAIN

PARIS
IMPRIMERIE ET LIBRAIRIE RICHARD ET Cie
18-19, Passage de l'Opéra, 18-19

1878

L'INTÉRÊT MAJEUR

DU

PARTI RÉPUBLICAIN

PREMIÈRE PARTIE

**A Messieurs LAISANT, TURQUET
ALLAIN-TARGÉ, Députés, Commi
saires-Enquêteurs dans le départeme
de la Sarthe.**

MESSIEURS,

*Vous avez reçu la délicate et difficile mission
rechercher, dans notre région, les moyens de « défe
dre et faire respecter le Suffrage universel. »*

*Votre tâche sera particulièrement pénible dans
Sarthe, parce que la flétrissure que vous aurez à infli
à la candidature officielle ne saurait avoir d'efficac
qu'autant que vous auriez d'abord condamné, comme
méritent de l'être, les agissements d'une coterie qui, p
son égoïsme, a réduit ce démocratique département à
portion congrue dans nos Assemblées parlementaires.*

« L'INTÉRÊT MAJEUR DU PARTI, » *audacieusement i
voqué par des gens qui se proclament eux-mêmes,
mais eux seuls, — « les guides les plus autorisés
parti Républicain dans la Sarthe, » exige que v
fassiez justice de leurs prétentions, et surtout de l'a
tion dissolvante qu'ils exercent sur le corps électora*

Reculer devant cette œuvre nécessaire; ce serait utoriser amis et ennemis à croire que les scandales de a Sarthe ne sont malheureusement pas une exception.

Votre mandat manque de sanction à cet égard, nais votre patriotisme éclairé saura suppléer à l'insuf- sance de vos pouvoirs.

Dans cet espoir, j'ai l'honneur de vous « dédier », vous, ainsi qu'aux « vrais républicains de la Sarthe », e premier chapitre du « MÉMORIAL POLITIQUE DE LA ARTHE », en vous priant d'en contrôler les assertions, e vérifier leur exactitude, afin de pouvoir rendre émoignage, au besoin, de l'esprit républicain d'un épartement qui vaut beaucoup mieux que ne l'indique a représentation parlementaire.

Veuillez agréer, Messieurs, mes respectueuses salutations.

Le Capitaine **MOREAU**.

Le Mans, 24 décembre 1877.

L'INTÉRÊT MAJEUR

DU

PARTI RÉPUBLICAIN

La coterie qui s'intitulait jadis « *le groupe influent* », les gens qui se disent aujourd'hui « *les guides les plus autorisés du parti républicain dans la Sarthe* » ont commis l'insigne maladresse d'appeler sur eux l'attention, au moment où se préparait une grande enquête parlementaire destinée à « défendre et faire respecter le suffrage universel », et où l'on venait de rappeler à la tribune française le principe formulé par Casimir Périer « qu'aucun intérêt public ne doit être sacrifié à un calcul électoral ».

L'organe de la coterie, *l'Avenir*, a l'imprudence de reprocher à M. Granger de Mamers, « *d'avoir oublié qu'à côté des mesquines rivalités,* il y a « L'INTÉRÊT MAJEUR DU PARTI ».

*
* *

Ces gens-là sont-il fous ? — Bravent-ils l'opinion publique, ou bien se moquent-ils désagréablement des républicains de la Sarthe ?

Faut-il leur répondre sérieusement ? Ne vaudrait il pas mieux hausser les épaules, et laisser le bon sens populaire faire justice de leurs tartuferies ?

Auteur de la plupart des « *élucubrations* » qu'ils ont si longtemps « *dédaignées* » et auxquelles on vient de se décider à répondre pour « mettre enfin, dit-on, un terme à une *guerre odieuse* », j'étais résolu à n'accueillir qu'avec une généreuse pitié les insinuations perfides que lance *l'Avenir*, et que les Bazile et les pîtres de la troupe vont « colporter et commenter » dans les petits coins.

*
* *

Mais le vrai peuple, celui qui ne lit pas, ou qui ne lit qu'un journal, est si crédule, il a tant de bonne foi lui même, qu'il admet difficilement qu'on le trompe, si on ne le lui prouve; il faut essayer d le désabuser. Ce sera le but des cahiers de ce « *Mé morial* »

C'est pour me défendre que j'attaque, heu reux de défendre en même temps que moi l justice et la vérité, la cause des républicains sin cères et honnêtes.

Et je le fais d'autant plus volontiers aujour d'hui que mes adversaires tiennent le haut d pavé, et que l'enquête parlementaire, confiée trois républicains consciencieux, me donne l'occa sion de venger cet excellent département de l Sarthe de l'humiliation que lui ont infligée le intrigues d'une coterie, les appétits démesuré d'une dynastie en voie de création.

***

Au risque donc de me répéter, et dussé-je êtr de nouveau traité de « *renégat et de blouse blanche* parce que je suis claivoyant et sincère, parce que j ne puis admettre que, hors M. Rubillard et ses comparses, il n'y a point de républicains dans l Sarthe, je veux écrire de *l'histoire qui ne sera pa dementie*, afin de montrer qui, d'eux ou de moi, eu et a encore souci de « *l'intérêt majeur du parti* ;

qui, d'eux ou de moi, « *a sacrifié les intérêts de la démocratie sarthoise à des calculs électoraux* ». Ce sera l'objet de ce premier chapitre.

***

Lorsque la *Feuille du village* fut immolée sous de futiles prétextes, et en réalité parce que ce journal était trop indépendant au gré de deux ou trois brocanteurs d'élections qui ont fondé *l'Avenir* sur ses ruines, dans le but inavoué et inavouable de fonder la dynastie Rubillard, je saluai ce soleil levant, en baptisant son rédacteur en chef, M. Quesnay de Beaurepaire, du nom de « *Pamphile* », plus parlementaire que celui de « *renégat* », mais qui est synonyme et surtout mieux justifié !

Déjà à cette époque les lettres du *Bonhomme tout-le-monde* de la *Feuille du village* furent « dédaignées », et pour cause : elles contenaient d'amères vérités, dont l'un des commissaires-enquêteurs a peut-être gardé le souvenir, puisqu'il plaida un procès dans lequel le ministère public y fit plusieurs allusions.

On sait du reste ce que valent ces « dédains » affectés : c'est un moyen commode de ne pas répondre, lorsqu'il est impossible de le faire sans risquer de se mettre en flagrant délit de mensonge ou de calomnie.

*
* *

Plus tard, dans la *République de la Sarthe*, je protestai contre l'outrecuidante lettre de change tirée par M. Rubillard sur la « *reconnaissance imprescriptible des électeurs manceaux* ».

J'écrivis que si de prétendus républicains pouvaient commettre impunément de pareilles incartades, il serait désormais impossible aux vrais républicains de rien critiquer chez les réactionnaires, qui n'ont jamais poussé aussi loin le ridicule dans l'insolence envers le suffrage universel.

*
* *

Or, qu'était-ce que cet appel désespéré à la « reconnaissance des électeurs » ?

Tout simplement « un calcul électoral » auquel M. Rubillard sacrifiait d'un cœur léger « l'intérêt public, l'intérêt majeur du parti » national.

Depuis six ans la coterie manœuvrait en vue d'élections législatives qu'elle croyait devoir être faites au scrutin de liste.

Trouvant dans la démocratie mancelle un enthousiasme facile à exploiter, quelques politiqueurs avaient fabriqué à M. Rubillard, maire du chef-lieu, maire révoqué par le gouvernement du 24 mai, une réputation de circonstance, une popularité qu'ils regrettent amèrement aujourd'hui, mais qui avaient fait de lui l'homme le plus en vue du département.

Contrairement à leurs prévisions, le scrutin uninominal fut adopté par l'Assemblée nationale.

Dès lors, « l'intérêt majeur du parti » exigeait que M. Rubillard fût candidat, là où le plus grand effort était nécessaire pour vaincre la réaction, et la *République de la Sarthe* voulait avec raison porter son nom en tête de la liste sénatoriale.

M. Rubillard refusa, sous prétexte qu'un insuccès pourrait compromettre les chances de sa candidature à la députation.

Un tel refus en ce moment donnait déjà la mesure de son républicanisme et de son dévouement à « l'intérêt majeur du parti » : il choisissait le poste de combat le plus avantageux... pour lui, et abandonnait à d'autres moins bien armés, les postes difficiles ou dangereux.

Que lui importait la déroute de son parti, pourvu qu'il pût, lui, se tirer d'affaire avec honneur et profit!

*
* *

Un comité (?) qui s'appela le « groupe influent » souscrivit à cette désertion, et choisit comm candidats sénatoriaux, MM. Dobremer, de Saint Albin et Gougeard.

M. Dobremer était et est encore un inconnu qui vient d'échouer piteusement dans son canton avec six à sept cents voix de minorité.

Sa retraite forcée n'épargnera cependan pas aux « guides les plus autorisés du parti répu blicain dans la Sarthe » le rappel des hauts faits de l'intelligence et de la fermeté de celui dont il faisaient le porte-drapeau de la démocratie Sar thoise.

*
* *

M. Dobremer est l'homme qui permit à M. Ber tron-Auger de substituer son nom sur la liste répu blicaine à celui de M. Gougeard, lorsque celui-c se désista, cédant aux représentations de son mi nistre.

C'est l'homme qui, la veille de l'élection, garda un silence inexplicable, lorsque le rédacteur d *l'Avenir* proposait à quatre-vingts électeurs séna toriaux de signer une protestation indignée contre un acte qu'on appelait une « infamie », et que lui M. Dobremer, avait autorisé.

Et cette protestation aurait suivi son cours, si moi, qu'on « dédaigne et méprise » aujourd'hui, — peut-être à cause de cela : (on n'a jamais plus grand tort que lorsqu'on a trop raison) — si, moi, je n'avais fait mettre les candidats en demeure de signer les premiers.

C'est alors que M. Dobremer sortit de son mutisme, et, s'adressant à moi en présence de toute la réunion, s'écria : « *mais je ne puis signer cela, puisque j'ai donné mon autorisation à M. Bertron-Auger* ! »

* * *

Voilà l'homme que « dans l'intérêt majeur du parti », M. Rubillard... et les autres choisirent pour tête de liste à l'élection des sénateurs.

N'est-il pas permis de supposer qu'il y avait là « un calcul électoral » ? — que l'objectif du « groupe influent » était, par exemple, d'assurer l'élection de M. de Talhouët, et de déblayer aussi l'arrondissement de la Flèche, afin que M. Galpin trouvât le champ libre ?

* * *

S'il en est ainsi, et je le répète, il est au moins permis de le supposer, on peut apprécier l'immense portée de ce sacrifice de « l'intérêt majeur du parti », aujourd'hui que la majorité réactionnaire du sénat fait la boule de neige, par l'unique raison qu'il a manqué, dès le principe, une ou deux voix pour que cette majorité fût républicaine, ce qui aurait épargné à la France le 16 mai et ses conséquences.

Or, les délégués sénatoriaux de la Sarthe, ce département qu'on peut appeler le berceau du suffrage universel, puisque sous le régime du suffrage censitaire il a nommé Ledru-Rollin, auraient certainement élu des sénateurs républicains, si on leur avait proposé des noms connus, ne fût-ce que celui de M. Rubillard, que *je mis moi-même en avant*, et pour la popularisation duquel la démocratie sarthoise avait fait, hélas ! de si généreux et si aveugles sacrifices.

* * *

Je fais remonter à M. Rubillard la plus grosse part de responsabilité dans ces tripotages électoraux, — qu'il partage du reste avec un petit nombre d'autres, — parce que depuis la création de l'*Avenir*, qui fut son œuvre, on peut suivre à la piste une série non interrompue de manœuvres ayant le même cachet d'égoïsme, et qui toutes tendent à faire prévaloir plus ou moins ouvertement sa politique personnelle dans les opérations électorales du département de la Sarthe.

C'est pour tâcher d'atténuer l'effet produit par la liste sénatoriale « du groupe influent », qu'il fit imprimer dans l'*Avenir*, deux jours de suite, le 7 et le 8 janvier 1876, un article charlatanesque, d'où se détache en relief cette incroyable réclame électorale :

« En nommant l'honorable M. Rubillard, les électeurs de la première circonscription (du Mans) ne choisiront pas seulement le plus digne représentant des intérêts de la cité, ILS ACQUITTERONT UNE DETTE DE RECONNAISSANCE IMPRESCRIPTIBLE ENVERS L'HOMME QUI etc ».

*
* *

Avais-je tort de relever avec indignation une telle impertinence ?

« L'intérêt majeur du parti » exigeait-il que la

fierté républicaine courbât le front sous cette injure doublée d'une odieuse ingratitude ?

L'intérêt de la démocratie Sarthoise n'avait-il pas été outrageusement sacrifié « aux calculs électoraux » de la coterie dont M. Rubillard est le chef ?

Et la guerre que je lui déclarai dès ce moment était-elle « une guerre odieuse » ?

* * *

Après les intrigues savantes (?) de l'élection sénatoriale, et les manœuvres ridicules de l'élection de la première circonscription du Mans, il serait presque superflu d'insister pour démontrer le mépris qu'ont leurs auteurs pour les véritables intérêts de la démocratie.

Mais il est inévitable de parler des élections de l'arrondissement de Mamers qui sont appelées à devenir légendaires.

Elles offriront aux Commissaires-Enquêteurs d'utiles sujets d'observations, qui pourront leur permettre de formuler de sévères critiques contre la candidature officielle, à condition toutefois qu'ils feront acte d'impartialité, en flétrissant d'abord comme ils méritent de l'être, les agissements d'une coterie qui a jeté le désarroi dans la première circonscription, où le succès de M. Granger était assuré et mérité, si l'on avait observé là une discipline aussi nécessaire, aussi rationnelle, qu'elle était inutile, arbitraire et ridicule pour certains des 363, — par exemple, celui du Mans.

*
* *

Les faits sont connus. Cependant, je me fais un devoir et un plaisir de reproduire les pièces du procès.

Les républicains de la Sarthe apprécieront et jugeront en connaissance de cause de quel côté est la vérité, la logique, le bon sens, et le véritable respect de « *l'intérêt majeur du parti* , » lorsqu'ils auront sous les yeux :

1° l'Article publié le 30 octobre par le *Réveil* et le *Peuple*, et QUE je SIGNE.

2° La réponse de M. de Baurepaire.

3° Celles de M. Granger.

4° Les hors-d'œuvres de M. Rubillard, du comité et de l'*Avenir*.

L'*Avenir* « *ne veut pas discuter* », dit-il. Comme M. de Beaurepaire, il a « *le plus absolu dédain* » pour des « *élucubrations* » contre lesquelles il ne lui reste que la ressource du silence.

Ce journal « *constate* (?) *que j'ai rempli les feuilles réactionnaires de calomnies et d'attaques, non-seulement contre M. de Beaurepaire et M. Rubillard, mais encore contre plusieurs notabilités du parti républicain*. L'Avenir *lui-même n'a pas été épargné* ».

Et il ajoute que « *M. Granger avait le devoir de répudier mes actes.* »

*
* *

M. Granger sait ce qu'il a à faire. Il connaît ses amis ; ce n'est pas à l'*Avenir* qu'il ira les chercher et demander conseil.

Du reste, il a répondu à cette indiscrète sommation.

Pour moi, je réponds :

J'ai attaqué, mais je n'ai pas *calomnié* les gens de l'*Avenir*.

J'ai dit que M. Rubillard et son gendre, M. de Beaurepaire, sont des caméléons :

Qu'ils osent donc dire : non !

J'ai dit que M. Rubillard avait bien plus souci de ses affaires personnelles et de celles de sa famille que des intérêts de son parti.

Qu'il ose dire : non, après l'élection de Mamers !

Il est vrai, que M. de Beaurepaire « *affirme sur l'honneur* que JAMAIS *M. Rubillard ne s'est occupé ni directement ni indirectement* de cette élection, et que TOUJOURS, *il a fait dignement son devoir.* »

Faut-il donc que ce soit moi qui rappelle à cet avocat l'article 322 du Code de procédure qui rend non-recevable le certificat qu'il donne à son beau-père ?

« *Jamais* ! » — *J'affirme sur l'honneur* » — écrit emphatiquement ce gendre modèle et loquace.

Ces formules sentent-elles d'assez loin le procureur *impérial* !

Si jeune, si sincèrement converti à la République, et pourtant si... *Rouher* !

Je sais qu'il s'indigne du sourire que fait éclore sur toutes les lèvres cette parole d'honneur qui voudrait devenir l'égale de celle de Bayard. Est-ce ma faute, si les gens qu'il fait rire ne sont pas pour cela désarmés ?

* * *

Il prétend que « *M. Granger considère l'arrondissement de Mamers comme un fief à lui,* [*et que sa devise est :* Moi ou rien. »

Oublie-t-il donc, cet avocat, que son client,

M. Rubillard, est l'homme qui faisait dire par son journal que les électeurs du Mans avaient à acquitter envers lui « *une dette de reconnaissance imprescriptible ?* »

Toujours la paille et la poutre !

Oublie-t-il que son beau-père qui se targue avec autant de « *modestie* » què de sincérité, d'avoir « pendant vingt-cinq ans, combattu le bon combat avec Granger », revendiqua jadis pour *lui seul* l'honneur d'avoir pris l'initiative de la candidature de Louis Napoléon dans la Sarthe, et que, sommé par le Comité républicain de s'expliquer sur son attitude, il répondit avec cynisme : « C'est mon droit ! »

Pendant que M. Granger payait de quinze années d'exil son dévouement actif à la cause républicaine, et son hostilité au Bonaparte patronné par M. Rubillard, celui-ci ne se faufilait-il pas dans tous les camps, depuis le premier jour jusqu'au dernier ?

N'était-il pas alternativement le protégé des royalistes et des bonapartistes, de l'*Union de la Sarthe* et de la *Sarthe*, et le collaborateur *exagéré* de ce dernier journal qui a *conservé ses manuscrits*, et déclaré qu'il avait dû contenir l'excès de son zèle ?

M. de Beaurepaire a-t-il oublié tout cela?

Si non, de quel front ose-t-il donc disputer à M. Granger, cet homme si dévoué à la cause démocratique, un mérite et des droits que ni lui, ni les siens n'ont jamais eus, et n'auront jamais!

*
* *

« Moi ou rien! » donne-t-il pour devise à M. Granger.

Après avoir pendant quarante ans lutté avec l'énergie, la persévérance, la conviction d'un apôtre, pour conquérir à la République l'arrondissement de Mamers, M. Granger n'y a-t-il donc pas plus de droits qu'un converti *par nécessité*?

Et, dans « l'intérêt majeur du parti, » n'aurait-il pas raison de dire : Rien! plutôt que ce personnage hybride, dont le passé d'hier est un gage assuré de sa versatilité de demain?

*
* *

D'ailleurs, pourquoi l'ex-procureur impérial de Mamers ne cherchait-il pas à gagner ses éperons de républicain dans la deuxième circonscription de l'arrondissement?

Serait-ce parce que M. de Saint-Albin, vieux débris de l'orléanisme et actionnaire de l'*Avenir*, est, en politique, d'un éclectisme dont le « groupe influent » s'arrange mieux que du républicanisme de M. Granger ?

Ou bien, le champ depuis si longtemps défriché par ce dernier, paraissant plus fertile, M. de Beaurepaire a-t-il cru honnête et décent d'y venir moissonner ce qu'un autre avait semé ?

*
* *

J'ai attaqué « *plusieurs notabilités du parti républicain et l'*Avenir *lui-même n'a pas été épargné.* »

Oui, assurément, et je m'en applaudis. J'ai conscience qu'en le faisant j'ai agi dans « l'intérêt majeur du parti. »

Les « notabilités » auxquelles il est fait allusion, quelles qu'elles soient, sont dupes ou complices de la coterie rubillardiste.

Si, exerçant une influence prépondérante dans la démocratie sarthoise, ou même dans la démocratie française, elles ont été trop peu clairvoyantes pour ne pas s'apercevoir du rôle équivoque que jouent des intrigants, ou assez peu soucieuses de l'honnêteté politique pour accepter leur concours, je considère comme un devoir de bon républicain de les éclairer, même en les attaquant, ou de les démasquer.

Quant à l'*Avenir*, que ce soit par dévouement aveugle ou par nécessité qu'il se constitue le défenseur de ces personnages, je n'ai pas à l'épargner. Car, s'il fallait, sous le régime républicain, cacher toutes les fautes, excuser toutes les faiblesses, nous n'aurions fait que changer l'enseigne de la boutique, et la Révolution n'aurait été qu'une duperie.

Je « constate » toutefois que seul dans la presse républicaine, le journal l'*Avenir* a rompu le silence sur les tripotages électoraux du département de la Sarthe, et a essayé de les soutenir. Tous les journaux qui en ont parlé les ont blâmés : le *Siècle*, le *Réveil*, le *Travailleur d'Angers*, etc. Et j'estime que dans « l'intérêt majeur du parti », il ne suffit pas de se taire en pareil cas ; c'est un devoir patriotique de parler haut et d'appeler les choses par leur nom.

* * *

En effet, ces procédés antidémocratiques que l'*Avenir* a soutenus, déshonorent le suffrage universel et le démoralisent.

Ils sont l'excuse, et je dirais presque la justification de la candidature officielle qu'il s'agit de juger et de condamner. Dans tous les cas ils paralysent l'action des juges. Car, quelle autorité auront leurs arrêts, s'ils laissent impunis, chez les républicains, ce qu'ils tenteront de réprimer chez les réactionnaires?

***

M. de Beaurepaire prétend s'appuyer sur la décision d'un comité qui « a posé correctement sa candidature. »

S'imagine-t-il naïvement que l'on puisse croire encore aux comités dans la Sarthe?

Qu'il le sache bien : le fameux comité qui, en 1875, arrêta la liste sénatoriale que l'on sait, — le Comité du « groupe influent » qui dégagea M. Rubillard de ses devoirs envers la démocratie, et sacrifia « l'intérêt majeur du parti aux calculs électoraux » de la coterie dont il était l'émanation, — ce comité-là a tué la foi dans tous les comités présents et futurs.

On peut affirmer, sans craindre un démenti, que le comité qui patronna M. de Beaurepaire n'avait aucune autorité pour imposer sa loi aux électeurs de la première circonscription de Mamers, alors surtout que 6,200 suffrages donnés à M. Granger, en 1876, rendaient inutile, ou pour mieux dire, dangereuse, toute tentative de lui substituer un autre candidat.

Et en effet, les dix-neuf citoyens qui en ont fait partie le reconnaissent, car ils ne veulent pas « *s'arrêter à discuter la régularité* » de leur mandat.

Il est vraiment remarquable que personne ne veut discuter, ni M. de Beaurepaire, ni M. Rubillard, ni l'*Avenir*, ni le Comité lui-même.

Tous fuient la discussion, comme les hiboux fuient la lumière. Ils trouvent plus commode de faire parade de leurs « dédains et de leurs mépris » pour les adversaires qui les acculent au silence.

Qu'en penseront les juges, c'est-à-dire les républicains de la Sarthe ?

*
* *

Le Comité déclare que « M. Rubillard n'est intervenu à aucun moment et sous aucune forme, pour « influencer et peser sur sa détermination. »

Une déclaration si formelle « ne se discute pas » — par politesse. — On se contente d'en tirer les conséquences.

Or, elle prouve clairement que M. Rubillard avait conscience de la faute politique dont son gendre se rendait coupable, et que son influence, qui devait être décisive en cette occasion, est nulle pour « l'intérêt majeur du parti, » puisqu'il ne l'a pas EMPÊCHÉE.

Elle charge les dix-neuf personnes qui l'ont signée d'une lourde responsabilité, puisqu'en adoptant et imposant au journal l'*Avenir* la candidature de M. de Beaurepaire, elles se mettaient en opposition avec le Comité central républicain, qui patronnait M. Granger « au même titre que les 363. »

Enfin, il en ressort que l'*Avenir* et la coterie dont il est l'organe ont obéi aux injonctions de ce Comité dont « la régularité des pouvoirs ne peut se discuter, » au mépris des décisions du Comité central qui faisaient loi pour MM. Rubillard, Galpin et Lemonnier.

La discipline imposée en faveur des 363 a donc été violée en faveur de M. de Beaurepaire, gendre de M. Rubillard.

Je n'ai pas dit autre chose.

*
* *

Il serait, en outre, bien facile d'établir que les

membres du Comité électoral de la première circonscription de Mamers ont agi à l'instigation, habilement dissimulée, de quelques intrigants sans scrupules, qui ont abusé de leur honnête crédulité.

La vérité vraie, c'est que M. de Beaurepaire a cru la poire assez mûre : « *Cui prodest, is fecit*, » a osé écrire M. Rubillard.

Oui, l'intrigue devait profiter à M. de Beaurepaire, et c'est lui qui l'a ourdie, de longue main, avec des collaborateurs qui se cachent honteusement, aujourd'hui qu'elle a échoué.

Ces finassiers, pour lesquels « la politique est une profession » qu'ils voudraient rendre « lucrative, » n'ont pas même le courage de leur opinion, et laissent à d'autres la responsabilité de leurs manœuvres souterraines.

Leur unique but, c'est d'être quelque chose, n'importe quoi, sous n'importe quel régime, et d'escamoter l'influence par n'importe quels moyens, — tous leurs sont bons, — afin de s'en servir pour la satisfaction de leurs appétits égoïstes.

Comme les chats, ils s'arrangent de manière à toujours retomber sur leurs pattes après toutes les culbutes.

Ayant assoupli leur dévouement en le mettant au service de toutes les causes, ils changent d'opinion comme de chaussettes, et crient successivement avec le même entrain : Vive le Roi! vive l'Empereur ! et vive la République!

De l'influence! ils en ont eu un moment, mais ils n'en auront plus jamais!

Et c'est heureux : on a trop vu quel usage ils en savaient faire!

* * *

C'est parce que eux et leurs pareils ont cru un moment pouvoir exercer leur action sur un plus vaste théâtre que les ennemis de la République ont pu concevoir l'espérance de la renverser.

Les chefs de la réaction ont vu et fait comprendre à d'autres que ces hommes qui se posaient en amis du Peuple et en réformateurs, lorsqu'ils n'étaient que candidats, devenus députés, ne sont plus que des quémandeurs de places et de faveurs.

Dans ces conditions, la grande lutte des partis politiques se réduisit réellement aux proportions « mesquines d'une rivalité » de coteries. Les nouveaux venus, ne visant qu'à prendre la place des anciens, afin de moudre la même farine au même moulin, mais pour leur compte, ceux-ci ont défendu ce qu'ils considèrent comme leur bien, par droit de premier occupant, et ont pu, dans ce sens, s'appeler avec raison : « Conservateurs. »

Peut-être eûssent-ils capitulé honorablement avec les « vrais radicaux, » qui, eux, veulent la vraie République et ne réclament que les droits du Peuple : la Justice et la Liberté.

Peut-être, comme leurs aïeux, qui renoncèrent à leurs priviléges dans la nuit du 4 août 1793, les « conservateurs » d'aujourd'hui auraient-ils fait le sacrifice de leurs rancunes, de leurs préjugés et de leurs prétentions entre les mains d'une majorité sérieusement républicaine et dévouée « aux intérêts majeurs de la France. »

Mais, abdiquer devant des hommes sans principes, sans convictions, et sans autre politique que celle de leurs intérêts personnels !

Allons donc!

Que ceux qui n'auraient pas fait comme eux leur jettent la première pierre.

***

Cependant, ils sont vaincus, moins par leurs

adversaires, que par la force irrésistible de l'opinion publique.

La République triomphe, et des républicains tiennent les rênes du char de l'Etat.

Puisse cette victoire donner une paix durable et féconde à la France, à son Peuple, à la République!

Puisse l'exemple des erreurs passées, des fautes commises, en faire éviter de nouvelles aux républicains!

J'ai dit (peut-être après d'autres) que la situation politique de la France fait ressembler « l'Etat à un char embourbé » par suite des compétitions de tant de partis divers. « Pour le faire marcher dans la voie du progrès, il n'y a pas à fouetter l'attelage, ce serait peine perdue. Il faut le soulever à force de bras et lui faire faire alternativement un pas à droite et un pas à gauche, afin de le remettre sur un terrain solide où il puisse rouler sans encombre. »

Puissent les vaincus du 14 octobre comprendre cette métaphore. Il leur reste encore un beau rôle à jouer s'ils savent enfin se mettre à la hauteur des événements.

Qu'ils se fassent « radicaux, » dans la bonne

acception de ce mot si décrié. Qu'ils donnent à leurs adversaires au pouvoir l'exemple du désintéressement, de l'amour sincère de la Justice et de la Vérité, de la bonne foi et de l'honnêteté politiques.

Alors tout n'aura pas été perdu pour le Progrès et la Liberté dans les derniers orages qui ont bouleversé la France.

Alors, peut-être, les caméléons du « groupe influent » de la Sarthe finiront-ils par voir, eux aussi, que la « Loyauté, » désormais la plus grande de toutes les habiletés, vaut mieux que toutes leurs finasseries et que les « Comités, » eux-mêmes pour défendre avec succès « L'INTÉRÊT MAJEUR DU PARTI » RÉPUBLICAIN.

L'INTÉRÊT MAJEUR

DU

PARTI RÉPUBLICAIN

DEUXIÈME PARTIE

PIÈCES DU PROCÈS

On lit dans le *Réveil* et dans le *Peuple* du 30 octobre :

Nous avons blâmé dans ce journal l'intrigue scandaleuse qui, au mépris des lois de la discipline imposée en faveur des 363, a voulu faire échec à l'élection *assurée* de l'honorable M. Granger, dans la première circonscription de Mamers.

Aujourd'hui, nous obéissons à un devoir en signalant et flétrissant la conduite d'un député qui a violé ouvertement les engagements impliqués dans le pacte des 363, et qui, sans le respect de ces engagements n'eût certainement pas été réélu lui-même.

C'est dans la Sarthe que ce fait, heureusement unique, s'est produit.

M. Granger, l'un des vétérans de la noble phalange qui, depuis près d'un demi-siècle, lutte pour la liberté M. Granger, qui par son inébranlable persévérance son dévouement sans bornes, son honorabilité reconnue et respectée de tous les partis, a démocratisé l'arrondissement de Mamers, M. Granger avait obtenu l'année dernière 6,200 suffrages sur 12,500 exprimés et n'avait été distancé que d'environ 300 voix par M. le duc de La Rochefoucauld-Bisaccia, appuyé par l'administration et jouissant du prestige d'une immense fortune.

Un simple déplacement de 150 voix aurait donné la victoire au parti républicain à Mamers, par l'élection de M. Granger.

En 1877, le succès était donc certain sur ce même nom. Aussi, le parti républicain tout entier, le Comité électoral des gauches et toute la presse démocratique ont-ils adopté la candidature de l'honorable M. Granger.

Mais M. Rubillard, député du Mans, a un gendre à caser, un gendre ambitieux : M. Quesnay de Beaurepaire, légitimiste par son nom et sa naissance, ensuite procureur impérial jusqu'à Sedan par intérêt, et, depuis le 4 septembre, républicain par occasion.

C'est à ce converti de la dernière heure, à ce caméléon, que M. Rubillard, caméléon lui-même, sa coterie et son journal, l'*Avenir de laSarthe*, ont sacrifié l'élection de M. Granger, en s'appuyant sur la décision d'on ne sait quel Comité occulte, composé de quelques compères sans mandat et sans autorité.

Travaillés de longue main par des intrigants qui rêvent de substituer leur influence bourgeoise, sous le couvert de la République, à celles des monarchistes, pour en faire le même usage qu'eux, et, comme dit notre collaborateur et ami Emile Gautier, « pour chanter le même air, mais plus mal, » les électeurs républicains de l'arrondissement de Mamers, honnêtes, sincères, et malheureusement peu mis en garde contre les roueries de la politique de résultats, ont été déconcertés, démoralisés par cette compétition dissolvante, et ne sachant à quoi s'en tenir, ont éparpillé leurs votes.

M. de La Rochefoucauld a été élu « haut la main » au premier tour de scrutin, avec neuf cents voix de majorité, tandis que l'année dernière, ayant à lutter contre M. de Granger seul, il ne passait qu'au deuxième tour avec une majorité contestable de trois cents voix.

Tel est le beau résultat à la charge de M. Rubillard, l'un des 363, et de son gendre, M. de Beaurepaire.

Par leur faute, l'Assemblée compte un royaliste en plus et un républicain sincère, ferme et éclairé, en moins.

Par leur faute, la démocratie sarthoise, qui pouvait avoir la majorité à la Chambre des Députés et se dédommager ainsi de n'être pas représentée du tout au Sénat (encore grâce à l'égoïsme des mêmes brocanteurs d'élections), n'a rien gagné et reste avec trois contre trois.

M. Rubillard lui-même, la cheville ouvrière de ces tripotages, récolte le fruit de ses mesquines combinaisons. Il a perdu les trois quarts de sa majorité de 1876, et ne doit plus compter sur une réélection à délai bref ou éloigné.

Quant au véritable but du scandale que nous signalons à la France républicaine et à ses représentants du Sénat et de l'Assemblée, le voici dans toute sa nudité.

On espère que l'élection de la 1re circonscription de Mamers sera invalidée en 1877, tandis qu'en 1876 les meneurs ont voté et entraîné le vote de sa validation sans la faire sérieusement étudier, bien qu'elle fût la plus contestable des trois de la Sarthe, qui ont été discutées, — ou bien, on croit que M. de La Rochefoucauld sera prochainement nommé sénateur inamovible.

Dans l'un ou l'autre cas, le gendre de M. Rubillard, l'ancien procureur impérial, présentera de nouveau sa candidature à Mamers; mais les électeurs, l'appréciant comme elle le mérite, la repousseront.

Car on comprend à Mamers, comme partout en France, que le suffrage universel n'a pas pour but de fonder des dynasties parlementaires, en se laissant imposer des intrigants beaux parleurs, fussent-ils les fils ou les gendres des 363.

M. Rubillard, l'un de ces 363, qui a favorisé, ou N'A PAS EMPÊCHÉ ce déplorable maquignonnage du suffrage universel, a donné la mesure de son patriotisme. Une fois de plus il a prouvé que ses intérêts personnels et ceux de sa famille lui sont plus chers que les intérêts de son parti.

C'était une satisfaction à donner à la conscience publique, que de signaler ces agissements à la réprobation des républicains du Parlement et de la France entière.

L. MOREAU.

C'est moi, qui ai écrit cet article « où sont rappelées certaines idées déjà exprimées à la réunion de La Ferté-Bernard » à laquelle j'assistais comme *candidat forcé.*

C'est moi qui l'ai adressé au *Réveil*, qui l'a publié le 30 octobre, sous la rubrique inexacte : « Dossier « des invalidations. — Sarthe. »

J'ai envoyé le numéro du *Réveil* et du *Peuple*, contenant l'article, à un certain nombre de démocrates de la Sarthe, et à la plupart des Députés et Sénateurs républicains.

Je l'ai communiqué également aux journaux de la Sarthe qui l'ont reproduit :

« Je n'allume pas la chandelle pour la tenir sous « le boisseau. »

L. MOREAU.

Les commentaires que l'article a soulevés, *surtout à Versailles*, ont décidé M. Rubillard à désavouer son gendre, et celui-ci à sortir de son « dédaigneux silence. »

M. de Beaurepaire a écrit au *Réveil*, qui a inséré sa réponse le 19 novembre, avec une préface que l'*Avenir* a eu soin de supprimer, lorsqu'il a reproduit ce qu'il appelle « l'éloquente protestation » du gendre de M. Rubillard.

Voici lettre et préface :

M. Quesnay de Beaurepaire, dit le *Réveil*, nous adresse la lettre suivante, en réponse aux critiques dirigées contre lui, par un électeur du Mans, et que nous avons publiées. M. de Beaurepaire a fait appel à un sentiment qu'il estime, avec juste raison, être tout-puissant près de nous, celui de la liberté de discussion, et nous insérons sa lettre, *tout en regrettant qu'il n'ait pas cru devoir s'incliner dès l'abord, devant la décision du comité des gauches qui soutenait la candidature de l'honorable citoyen Granger, ainsi que le lui prescrivait le respect de la discipline républicaine, et le souci de ne pas diviser le parti en face d'un adversaire résolu et dangereux comme M. de la Rochefoucault-Bisaccia.*

Mortagne, 16 novembre 1877.

Monsieur le Rédacteur,

Dans votre numéro du 30 octobre, vous avez publié, sous le titre : *Invalidations-Sarthe*, un article aussi blessant qu'immérité, dirigé non-seulement contre moi, mais aussi contre mon beau-père, M. Rubillard, député de la Sarthe. Habitué aux élucubrations de M. Granger, *j'aurais dedaigné celle-là comme les autres*. Mais on colporte, on commente l'article de tous côtés ; un homme honorable est injustement mis en accusation à cause de moi ; *je veux donc enfin mettre un terme à cette guerre odieuse*. Et comme mon droit de libre réponse est inscrit à la fois dans nos lois et dans vos traditions, j'ai l'honneur de réclamer l'insertion de cette lettre dans un de vos prochains numéros.

M. Granger, le seul républicain qui fasse la guerre aux républicains à notre époque d'union fraternelle, est, paraît-il, un grand pontife. *Il considère l'arrondissement de Mamers comme un fief à lui :* MOI OU RIEN, *telle est sa devise*. Condamné par cent défaites électorales, il ne tolère pas qu'on tente la lutte avec d'autres, et c'est l'ennemi commun qui profite invariablement de son entêtement et de ses colères.

En février 1871, il a été porté sur la liste des candidats à la députation : il a échoué.

En octobre de la même année, on m'a porté aux élections du conseil général. Il s'est porté contre moi : il a échoué.

Le suffrage universel avait donc prononcé entre nous ; j'avais tenu toutes mes promesses au conseil départemental. Cependant, en octobre 1874, il a jeté la division dans le parti en se portant contre moi, conseiller républicain sortant. Il m'a fait échouer, mais il a échoué, et a causé ainsi le succès d'un ennemi néfaste M. Caillaux.

En janvier 1876, les élections étaient libres et dès lors M. le duc de Bisaccia était facile à battre. M. Granger a imposé sa candidature ; il a échoué. Je dois sur ce point ajouter deux choses : la première, c'est que j'ai *modestement* refusé toute candidature à cette époque ; la seconde, c'est que M. Granger a promis publiquement alors à son comité que s'il était battu il ne se présenterait plus désormais.

Aussi, après la dissolution de juin 1877, le même comité chercha ailleurs un candidat. On parla d'abord de M. C... (1), je fus le premier à m'incliner devant ce nom-là. Puis, sur le refus de M. C..., on parla de M. de B... (2) et de moi. Enfin le Comité se réunit, et en dehors de toute influence, me désigna au scrutin secret. *Jamais candidature ne fut plus correcte, ni moins sollicitée.*

Cependant, M. Granger, qui avait réclamé la formation du Comité, lui refusa le droit d'en choisir un autre que lui-même, et posa quand même sa candidature (Depuis lors il le renie et l'injurie). Après quoi, il employa la période électorale à m'attaquer, ainsi que mon beau-père, à la grande joie de nos adversaires.

Ce n'est pas tout : M. Granger, condamné par tout le monde, vit surgir en face de lui la candidature d'un autre républicain, ancien exilé comme lui, M. Girard,

(1) M. Cordelet, qui abandonnait sa candidature dans la deuxième circonscription du Mans.

(2) M. de Beaumont.

qui obtint presque autant de voix que lui. Quant à moi, j'avais mille voix de majorité sur M. Granger.

Il avait promis, dans des réunions et dans un journal de s'incliner enfin s'il n'obtenait pas l'avantage au 14 octobre ; et il suffit de lire votre numéro du 30, pour voir comment il tint cette promesse. Comme les autres, au point de faire croire à beaucoup que sa monomanie de candidature et son aveuglement sont excités et exploités par des faux-frères à la solde de la réaction.

Voilà les faits. Tout cela est connu, public dans la Sarthe. *A quoi bon des commentaires ?*

Mais ce que j'ai à cœur d'ajouter, ce que je tiens par-dessus tout à faire connaître, c'est qu'on altère audacieusement la vérité en mêlant le nom de mon beau-père à ces tristes luttes. *Jamais, je l'affirme sur l'honneur*, M. Rubillard ne s'est occupé, ni directement, ni indirectement, ni de près ni de loin, soit du comité, soit des candidats, soit de moi-même à propos des élections de Mamers. Mes relations électorales dans la Sarthe datent de mon arrivée au conseil général, époque à laquelle je ne connaissais pas encore M. Rubillard. Le mêler à tout cela est donc œuvre de mauvaise foi et d'injustice.

M. Rubillard, maire républicain du Mans, révoqué par les hommes du 24 Mai ; révoqué par les hommes du 16 Mai ; conseiller général élu par les deux cantons du Mans ; député de 1876 et l'un des 363 ; député réélu en 1877 et aujourd'hui sur la brèche à l'heure du péril, *a toujours dignement fait son devoir*. Celui-là mérite qu'on l'estime et qu'on le respecte. Que M. Granger, dupe complaisante *des blouses blanches*, ouvre donc enfin les yeux et cesse ses attaques contre des républicains honorables. Il ferait croire, sans cela, à une jalousie mesquine, et cela peinerait ses vieux amis.

Je termine en protestant très énergiquement de nouveau contre les diffamations dont mon beau-père a été si injustement l'objet dans l'article rédigé contre moi, et me contentant, pour le surplus, de plaindre M. Granger pour le rôle qu'il joue.

Je vous prie, Monsieur, d'agréer l'expression de mes sentiments très-distingués.

QUESNAY DE BEAUREPAIRE.

M. Granger a adressé la lettre suivante à l'*Avenir* qui l'a publiée le 30 novembre :

Mamers, 26 novembre 1877.

Dans une lettre en réponse à une correspondance du Mans insérée dans le *Réveil* et reproduite par l'*Avenir*, M. Quesnay de Beaurepaire a calculé pour ses visées qu'il lui serait avantageux de m'en attribuer inexactement la paternité, quoiqu'il sache fort bien quel est le véritable auteur, aussi connu de lui que du public manceau.

On peut croire qu'il a voulu, avec la prévoyance d'un homme facile sur les moyens, se créer occasion et prétexte à une réclame tapageuse et à une exposition de ses mérites pouvant attirer l'attention sur son nom à l'approche d'une élection probable par suite d'une invalidation qu'on lui fait espérer.

Bien que dédaignant, dit-il, ce qui lui est personnel,

c'est de lui cependant qu'il parle, négligeant ce qu'au début il annonçait être l'objet de son *élucubration* (la défense de son beau-père, député de la Sarthe, contre les attaques auxquelles il serait en butte), il fait un long plaidoyer pour les titres qu'il se croit à la députation, en même temps que, par une réminiscence de ses anciennes fonctions de procureur impérial, il fulmine contre moi un gros réquisitoire gonflé d'autant d'inexactitudes qu'il y a de phrases.

Mon agresseur dit : que c'est *par modestie* qu'il ne s'est pas présenté contre moi en 1875, ainsi qu'il s'est présenté aussi infructueusement qu'immodestement pour la députation à Paris, en février 1871, le jour même où, après la légitimité, il reniait l'Empire tombé la veille, pour saluer le soleil levant, la République.

Il soutient cette autre énormité : qu'à l'époque des candidatures officielles à outrance, sous le ministère Buffet, *les votes étaient libres !* Voulant dire qu'à cette date il était facile de rallier 6,200 suffrages sur un nom républicain dans la première circonscription de Mamers, où jusque-là cependant, la démocratie n'avait pu encore réunir que 4,000 voix, et dans un département où depuis 1848, toutes les candidatures libérales avaient échoué; voulant dire aussi que si, en 1876, il avait été présenté, il aurait été nommé et aurait pu dire comme un grand général : *Veni, vidi, vici.*

Qu'on juge par celles-là, des grosses contre-vérités dont fourmille, sous ses préoccupations électorales, ce plaidoyer pour lui et le réquisitoire échafaudé contre moi, son compétiteur au 14 octobre.

Mais en 1877, le chemin étant frayé par le travail et l'accord établi l'année précédente, le succès lui paraissant facile, ce candidat maintenu en réserve, mettant de côté *sa modestie*, s'est alors présenté résolùment, prétendant qu'il cédait aux instances d'un Comité qu'il ne dit pas s'être réuni au Mans, bien en dehors de la circonscription de Mamers.

Or, chacun sait : Que dans cette circonscription, il n'a pas été nommé (par qui de droit) *un seul* Comité cantonal; que *pas un seul* électeur n'y a été convoqué dans *une seule* de ses quatre-vingt-une communes pour choisir de *véritables délégués communaux* avec mission de nommer au chef-lieu de chaque canton de *véritables* Comités qui, ayant des pouvoirs *réguliers*, auraient exprimé sincèrement l'opinion des électeurs républicains;

Que malgré la demande qui en fut loyalement faite, trois mois avant l'élection, par le candidat que 6,200 suffrages avaient affirmé, les électeurs ne furent pas consultés sur la question de savoir : « S'il était avan-
« tageux et logique pour le succès de l'élection de re-
« noncer au bénéfice certain de l'union libérale répu-
« blicaine cimentée sur mon nom, et grâce à laquelle
« on avait touché de si près la victoire; ou s'il valait
« mieux, abandonnant le certain pour l'incertain, es-
« sayer de reconstruire cette union indispensable sur
« un autre candidat à trouver. »

Il est probable que le choix ne se serait pas arrêté sur un légitimiste passé à l'Empire et se disant *converti* à la République *par nécessité*.

M. de Beaurepaire a essayé de détourner l'attention du lecteur, et en noyant ces faits dans une foule de détails plus qu'inexacts, que les colonnes du journal ne suffiraient pas à relever, il a voulu faire oublier que sa candidature, par la confusion et la division qu'elle a jetées dans les rangs, a assuré la réélection de M. de La Rochefoucault dès le premier scrutin, avec une majorité de près de 900 suffrages, tandis qu'en 1876, l'accord sur un seul nom étant établi, le noble duc ne l'a emporté qu'avec une majorité de 300 voix.

Essayant de donner le change, il voudrait faire oublier que toute la presse républicaine et le Comité des gauches, après s'être bien renseignés sur la situation électorale de la circonscription de Mamers, appliquant là comme ailleurs la discipline d'union adoptée par la démocratie, n'a reconnu, approuvé et recommandé que le seul candidat dont les chances étaient clairement indiquées par les deux scrutins de 1876, celui que M. de Beaurepaire s'est donné la mission de faire échouer. Il a réussi; que ce triomphe lui soit léger.

Inutile de pousser plus loin l'examen des injustifiables récriminations électorales de M. de Beaurepaire, à cette heure où les justes préoccupations patriotiques doivent être aux intérêts de la République menacée par les factions cléricale et monarchique.

C. GRANGER.

L *Avenir* ajoute :

Nous ne voulons pas discuter, c'est à M. de Beaurepaire et au comité qui a patronné sa candidature de répondre à M. Granger.

Mais nous devons constater qu'avant, pendant et après la période électorale, un homme, « connu du public manceau, » qui, dans plusieurs réunions, s'est présenté comme mandataire de M. Granger, *a rempli les feuilles réactionnaires de calomnies et d'attaques, non seulement contre M. de Beaurepaire et M. Rubillard, mais encore contre plusieurs notabilités du parti républicain. L'*AVENIR *lui-même n'a pas été épargné.*

Connaissant le but et l'auteur de ces manœuvres, nous leur avons *opposé le plus absolu dédain.*

Nous avions cependant le droit, et nous en avons vainement usé, de demander à M. Granger s'il .pprouvait les actes de son mandataire.

M. Granger avait le devoir de les répudier.

Il ne l'a point fait et nous le regrettons, car, à côté des mesquines rivalités, IL Y A L'INTÉRÊT MAJEUR DU PARTI.

M. Granger l'a oublié.

Le 8 décembre, M. Rubillard entre en scène par une lettre que publie l'*Avenir*.

Nous recevons, dit ce journal, et nous croyons devoir insérer la lettre suivante que nous adresse M. Rubillard, député de la Sarthe. Il nous a paru que c'était une légitime satisfaction que nous devions à notre honorable ami, dont le nom a été trop souvent mêlé, d'une façon regrettable et mal fondée, aux polémiques soulevées par l'élection de Mamers.

Paris, le 5 décembre 1877.

Monsieur le rédacteur en chef
de l'*Avenir*.

Je trouve dans votre numéro de ce jour une lettre de M. Quesnay de Beaurepaire, en réponse à la lettre de M. Granger, que vous avez publiée dans un numéro précédent. Vous exprimez l'espoir que ce débat sera bientôt clos. *Mon désir eût été qu'il ne fût pas ouvert.*

Aussi, — bien que mon nom y ait été trop souvent mêlé, — j'ai cru devoir garder le silence dans ce débat; je me réserve d'ailleurs de poursuivre, à mon heure, les journaux diffamateurs. Mais M. Granger déclinant la responsabilité des articles, *introduits par le RÉVEIL*, dans les feuilles réactionnaires de la Sarthe, il ne m'est pas permis de me taire.

Le 11 *novembre*, le numéro du *Réveil* portant la date du 30 *octobre*, était adressé à un grand nombre de mes collègues. Des amis indignés le placèrent sous mes yeux, et en vertu de cet axiome : *Is fecit cui prodest*, attribuèrent à M. Granger et l'article lui-même et sa distribution.

Il me répugnait de croire que ces injures me venaient d'un homme avec lequel, pendant vingt-cinq ans, j'ai combattu le bon combat. Granger, d'ailleurs, sait mieux que qui que ce soit combien je suis resté étranger à l'élection de Mamers. *Il sait aussi quels dissentiments — à cause de lui-même — se sont élevés entre M. Quesnay de Beaurepaire et moi, dissentiments qui m'affligent profondément en m'éloignant d'un homme pour lequel j'ai autant d'estime que d'affection.* Semblable publication, de sa part, n'etait pas seulement une faute, un délit politique, c'était surtout une *mauvaise action*, et j'avais le droit de savoir la vérité.

Le 13 novembre j'écrivis à mon collègue, rédacteur en chef du *Réveil*, et le 15 novembre j'invitai deux de mes amis à le voir. Voici ce qui nous fut répondu :

« Si l'article du 30 octobre n'émanait pas de M. Gran-
« ger directement, il avait été, de même que ceux qui
« l'avaient précédé, expédié au *Réveil* par ses amis. En
« tous cas, il en était le propagateur. »

« Dans cette origine précisément, — étant connu le « passé politique de M. Granger, — la rédaction du « *Réveil* avait trouvé des garanties suffisantes pour « insérer la correspondance qui lui était envoyée de la « Sarthe. »

Que M. Granger ne décline donc plus sa responsabilité. *Il me contraindra à rompre un silence auquel je m'étais condamné et dans lequel, quoi qu'il advienne, je rentre pour n'en plus sortir.*

Recevez, Monsieur le Rédacteur en chef, l'assurance de mes meilleurs sentiments.

A. RUBILLARD.

M. Granger répondit à M. Rubillard et à son journal le 9 décembre. Sa réponse fut insérée dans l'*Avenir* du 13, paru le 12, avec des observations qui me sont personnelles.

M. Granger, dit l'*Avenir*. nous adresse encore une longue lettre que nous insérons en exprimant le désir qu'elle soit la dernière.

Il nous prend à partie parce que nous n'approuvons pas son attitude dans la dernière lutte électorale. Le résultat aurait dû pourtant lui ouvrir les yeux, et nous avons le regret de constater qu'il n'en est rien.

Ce qui ressort de plus clair de la lettre de M. Granger, c'est que M. Moreau a son estime, comme il a lui-même l'estime de M. Moreau.

M. Granger choisit mal son heure pour affirmer cett

réciprocité dont S'ÉTONNERA quiconque s'honore d'appartenir au parti républicain dans la Sarthe.

Nous avons l'espoir que le comité électoral de la première circonscription de Mamers, si souvent mis en cause dans un débat qui se prolonge outre mesure, *ne tardera pas à faire entendre sa parole autorisée.*

Mamers, 9 décembre 1877.

Monsieur le Rédacteur de l'*Avenir*,

Oubliant le devoir qui s'impose à la rédaction d'un journal républicain, vous avez fait acte d'intervention partiale pour l'agression et hostile à la réponse.

Quelle que soit votre situation vis-à-vis de M. Quesnay de Beaurepaire et du personnel dirigeant de l'*Avenir*, elle ne justifie pas, si même elle les explique, vos réflexions plus que blessantes pour moi *que vous ne connaissez pas.*

Au lieu de limiter autant que possible un débat tout personnel voulu par mon agresseur, poussé par une « mesquine rivalité électorale », vous l'avez excité, et il lance un nouveau réquisitoire-réclame où déborde le fiel de la colère causée par son impuissance de donner de bonnes raisons, autant que par l'amour-propre froissé.

En évoquant le Comité, des décisions duquel essaie de se prévaloir ce candidat mauvais perdant, voulez-vous compliquer et prolonger un débat si inopportun à l'heure présente ?

Vous savez bien que ce comité s'est réuni au Mans, et que je n'ai pas plus critiqué ses intentions *que je ne lui ai contesté le droit de se former à sa guise et d'avoir des préférences; tout en maintenant qu'il a agi sans mandat régulier et valable pour la première circonscription de Mamers.*

Le parti pris de M. Quesnay de Beaurepaire de m'attribuer faussement ce qu'il sait parfaitement n'être pas mon œuvre est un procédé inqualifiable.

Vous me demandez, Monsieur le Rédacteur, de répudier l'auteur bien connu de l'article du *Réveil* du 30 octobre, qui ne se cache pas d'ailleurs, et qui réclame la responsabilité de cette correspondance. — Bien que cette demande soit plus qu'étrange, je veux bien faire cette réponse :

A chacun la responsabilité de ses paroles et de ses actes, et je ne demande à personne de partager la mienne. *M. Moreau, que vous paraissez craindre de nommer, fort de sa conscience et de la droiture de ses intentions, n'a pas pensé à me demander d'accepter la solidarité de ce qu'il avait écrit.*

J'ai vu M. Moreau à l'œuvre, quand il collaborait avec le plus complet désintéressement à cette vaillante Feuille du Village *qui a fait bon nombre d'ingrats; quand il donnait sa collaboration tout aussi désintéressée à l'*Avenir *lui-même, où elle était appréciée. Sa plume alerte a rédigé avec talent et fermeté la* République de la Sarthe, *et son courage a su faire respecter la démocratie Sarthoise de ses ennemis.*

Homme de dévouement, et servant avec abnégation la grande cause républicaine que d'autres ne visent qu'à exploiter, M. Moreau me témoigne de l'estime, ET JE LA LUI RENDS.

Cela dit, permettez-moi de revenir aux réclames électorales de M. Quesnay de Beaurepaire.

Dans la foule de ses assertions en révolte constante

contre la vérité, la rectification d'une ou deux d'entre elles, mettra en lumière l'inexactitude intéressée de plusieurs autres, et prouvera que le reste ne mérite aucun crédit.

En 1871, avec l'appui du *Journal* clérical *de Mamers* et à l'aide de longues réclames qu'il a pu imposer aux journaux du département, comme il le fait aujourd'hui, M. de Beaurepaire avait raccolé 2,600 voix bonapartistes, royalistes et républicaines ; mais en 1874, n'ayant pu rallier sur son nom que 800 voix, il envoya un de ses amis, M. D., me dire le lundi matin après le dépouillement général : qu'il croyait que j'avais vingt-cinq voix de plus que lui, mais qu'en eût-il cent de plus, il se désistait, ne croyant pas de sa dignité de continuer la lutte, puisque les électeurs se retiraient de lui. Le lendemain il publiait la même déclaration dans l'*Avenir*, et la répétait à deux membres du comité électoral MM. Ch. et M., ajoutant : *Que bien qu'il se désistât, loin de faire reporter ses voix sur le candidat républicain son compétiteur, il ferait au contraire tout son possible pour empêcher ses amis de voter au ballotage pour M. Granger.* Le lendemain, 6 octobre, il écrivait dans le même sens à M. P., président du susdit comité.

Contrairement à l'assertion fausse qu'il a fait colporter par ses agents électoraux, et qu'il publie aujourd'hui, c'est donc bien lui, M. de Beaurepaire, qui a fait l'élection de M. Caillaux.

Pour les besoins de sa cause, M. de Beaurepaire donne une date inexacte à son acceptation de la candidature qui lui aurait été offerte par un comité dont la décision n'a été prise que douze ou quinze jours avant l'élection.

Or, trois mois auparavant, il me faisait prévenir qu'il *se portait lui-même* candidat, et me faisait demander

« si je me retirerais dans le cas où il aurait plus de voix que moi au premier tour de scrutin. » Ma réponse fut affirmative, *bien que M. de Beaurepaire eût agi tout autrement en 1874.*

Toutes ses autres allégations peuvent être démenties par des rectifications aussi précises; mais il faudrait un volume pour ce travail.

M. de Beaurepaire n'a qu'un objectif : il voudrait faire diversion à l'accusation que porte contre lui l'opinion publique : d'avoir, par sa candidature de division, empêché l'élection certaine d'un républicain à Mamers, et favorisé celle de M. de La Rochefoucault.

Pour cela, il emploie toutes les ressources de son métier d'avocat, et fait défiler un long chapelet d'affirmations de la même valeur que celles ci-dessus.

Au moment de clore cette réponse à la deuxième philippique de M. de Beaurepaire, je reçois communication de la lettre de M. Rubillard, publiée par l'*Avenir*, pour venir en aide à son gendre.

Il affirme qu'il est resté étranger à l'intrigue ourdie contre l'élection républicaine dans la première circonscription de Mamers, et « *qu'à cause de moi il s'est élevé des dissentiments entre lui et M. de Beaurepaire.* »

En même temps il rappelle que « pendant vingt-cinq ans il a combattu le bon combat avec moi. » Il regrette que son gendre l'ait éloigné de moi, « pour qui il a autant d'estime que d'affection. »

Je ne veux pas examiner la valeur de ces affirmations en contradiction avec d'autres parties de la lettre de M. Rubillard; le public Sarthois appréciera.

M. Rubillard rapporte que le directeur du *Réveil* a répondu à ses deux envoyés que : *ni l'article du 30 octobre ni ceux qui l'ont précédé, n'émanent de M. Gran-*

ger. — M. de Beaurepaire, de son côté, est contraint de faire le même aveu, après m'avoir faussement attribué, dans un but intéressé, ces articles, sachant bien quel en est l'auteur. Est-ce un commencement d'amende honorable ?

Quant à la propagation dudit article dans le département de la Sarthe et aux députés, M. Rubillard qui, lui aussi, parle latin, m'en charge sous prétexte que c'est à moi que cela devait profiter. Il oublie ou feint d'oublier que celui qui l'a écrit (et il dit que c'est tout autre que moi) n'allume probablement pas la chandelle pour la mettre sous le boisseau, et que le rédacteur du *Réveil* qui est en même temps député, a bien d'autres soins qui ne lui permettent pas de s'occuper de ces détails.

Si M. Rubillard croit devoir « rentrer » comme il le dit « *dans le silence auquel il s'est condamné et dont il ne veut plus sortir,* » j'ai fait mieux ; car dans mes réponses aux interminables récriminations rétrospectives et aux chaudes réclames électorales de son gendre, qui croit avoir intérêt à y mêler le nom de M. Rubillard, j'ai scrupuleusement évité de le prononcer.

Agréez, Monsieur le Rédacteur, mes civilités empressées.

C. Granger.

Enfin, le 23 décembre, l'*Avenir* publie une lettre du fameux comité de la première circonscription de Mamers :

Nous recevons, dit-il, de l'ancien comité électoral de la première circonscription de Mamers, une lettre que

nous nous empressons de publier, persuadés *qu'elle mettra un terme aux interminables polémiques que cette élection a suscitées* :

Monsieur le Rédacteur en chef,

La polémique regrettable qui a suivi les élections législatives du 14 octobre, et qui dure encore, fait un devoir aux membres de l'ancien comité électoral de la première circonscription de Mamers d'intervenir et de rétablir les faits sous leur véritable jour.

Sans nous arrêter à discuter la régularité des pouvoirs du Comité, il nous suffit de dire, sur ce point, que ce Comité a été loyalement formé, après un appel aux divers groupes de l'opinion républicaine.

Mais ce que nous tenons surtout à constater, c'est que la candidature de M. de Beaurepaire a été adoptée librement, après discussion, en dehors de toute ingérence étrangère, et que M. Rubillard n'est intervenu à aucun moment et sous aucune forme pour influencer le comité et peser sur sa détermination.

Nous avons trop le sentiment de la gravité de l'heure présente pour nous livrer à des récriminations rétrospectives et pour rien dire qui puisse être un obstacle au rétablissement de l'union qui a fait défaut le 14 octobre, et qui peut devenir plus que jamais nécessaire.

Recevez, monsieur le Rédacteur en chef, l'expression de nos meilleurs sentiments.

Les membres de l'ancien comité électoral de la première circonscription de Mamers,

Le Président : A. Foulard ;
Le Secrétaire : G. Delante.

E. Guérin, — Camille Maloiseau, — A. Coulpotin, — David, — F. Dallier. — Lunel, de Mamers, — Lunel, de Vilaine-la-Carelle, — B. Chartrain, — Chénénaillée, — A. Dorel, — Vadé, — Ducœurjoli, — H. Tessier, — M. Gasnier, — Poussin, — Labelle, — Ozange-Leprince.

Pour la première fois, j'ai été désigné le 13 décembre par mon nom dans l'*Avenir*.

J'écrivis immédiatement au rédacteur. Il n'inséra que la première phrase de ma lettre, en la faisant précéder de ces quelques lignes que je ne veux pas qualifier :

M. Moreau, dit l'*Avenir*, prend prétexte de la lettre de M. Granger, que l'*Avenir* a publiée hier, pour nous adresser deux pages de sa prose que refusent sans doute d'accueillir les journaux réactionnaires.

M. Moreau a pris avec nous et nos amis assez d licences pour nous autoriser à lui refuser l'insertio intégrale qu'il *requiert* sans droit.

Toutefois, nous croyons devoir reproduire textuellement le passage suivant qui répond à la note dont nous avons fait précéder la lettre de M. Granger.

« Monsieur,

« La lettre de M. Granger que vous publiez dans
» votre numéro d'aujourd'hui, contient à mon adresse
» un témoignage d'estime de cet honnête homme qui
» me dédommage amplement de vos « *dédains* », et me
» venge des mépris que m'a prodigués la coterie dont
» votre journal est l'organe.

Voici la suite de la lettre.

« Vous dites que *M. Granger choisit mal son heure*
» *pour affirmer cette estime dont* S'ÉTONNERA *quiconque*
» *s'honore d'appartenir au parti républicain dans la*
» *Sarthe*.

« Ceci, Monsieur, est une injure que je « dédaigne-
» rais comme les autres », malgré sa brutalité, si je ne
» connaissais les petits moyens dont se servent les
» gens auxquels vous prêtez le concours de vos talents
» littéraires, et qui ne manqueraient pas d'exploiter
» mon silence, de la même manière qu'ils ont exploité
» la bonne foi de mon honorable ami M. Granger, et
» celle de tous les Républicains honnêtes et sincères
» de cet excellent département de la Sarthe, qu'ils ont
» démoralisé par leurs intrigues égoïstes.

« Je me garderai bien cependant, Monsieur, de vous
» prendre à partie pour cette injure, quoique vous ayez
» assumé jadis, — imprudemment, — la responsabilité de tout ce qui s'imprime dans l'*Avenir*.

« Vous n'êtes pas d'ici ; vous ne me connaissez pas
» plus que vous ne connaissez M. Granger; vous ne
» savez de l'histoire politique contemporaine de la
» Sarthe que ce que vous en ont dit les véritables di-
» recteurs de votre journal.

« Vous vous faites l'écho, consciencieux, je le crois,
» inconscient, j'en suis sûr, de ce qui se dit autour de
» vous, par des gens auxquels tout manque pour rem-
» plir le rôle qu'ils ont usurpé dans la démocratie
« Sarthoise : le talent, la loyauté et le courage.

« C'est à ceux-là que je répondrai en publiant pro-
» chainement en brochures, un « *Mémorial politique*
» *de la Sarthe* », dont vous m'aurez fourni le titre du
» premier chapitre : « *l'Intérêt majeur du parti* ».

« Ce Mémorial sera dédié aux *vrais* républicains de
» la Sarthe.

« Je vous en ferai cependant hommage pour votre
» édification,.... et pour me venger de la facilité avec

» laquelle vous accueillez et répétez tout ce que vous
» entendez dire de moi.

« Recevez, Monsieur, mes salutations sincères.

« Le Capitaine Moreau ».

C'est fait.

Dans une prochaine brochure je continuerai cette lessive.

Paris. — Imprimerie Richard et Cie, 18, Passage de l'Opéra.

LE MÉMORIAL POLITIQUE DE LA SARTHE

Comprendra une série de livraisons

1re ET 2e LIVRAISONS

L'INTÉRÊT MAJEUR du PARTI RÉPUBLICAIN

SE TROUVE CHEZ L'AUTEUR

Rue de Bel-Air, 41, *au Mans*

Sous presse :

3me LIVRAISON

CUISINE ET POLITIQUE

Pour paraître prochainement

4me LIVRAISON

MASQUES ET LIVRÉES

www.ingramcontent.com/pod-product-compliance
Lightning Source LLC
LaVergne TN
LVHW010038230826
846091LV00005B/1770

* 9 7 8 2 0 1 1 7 6 0 2 1 0 *